# DIDACHÉ

# DIDACHÉ

## La enseñanza
## de los doce apóstoles

| BIBLIOTECA DEL CRISTIANISMO |

DELFOS

*DIDACHÉ*
*La enseñanza de los doce apóstoles*

Traducción de:
Ignacio Méndez-Trelles Díaz

EDITORIAL DELFOS
www.editorialdelfos.com

© 2023 Editorial Delfos

ENTREACACIAS, S.L.
[Sociedad Editora]
c/Covadonga, 8
33002 Oviedo - Asturias (España)
info@editorialdelfos.com

1ª edición: octubre, 2023

ISBN (edición impresa): 978-84-18373-74-9
ISBN (edición digital): 978-84-18373-75-6
Depósito Legal: AS 02124-2023

Impreso en España
Impreso por Podiprint

«El camino de la vida es este: en primer lugar, amarás al Dios que te hizo, a tu prójimo como a ti mismo, y todo lo que no quieras que te hagan a ti, no se lo hagas a otro».

# ÍNDICE

La enseñanza de los doce apóstoles (Roberts-Donaldson)    17

Notas introductorias del profesor M. B. Riddle, D.D.    21

Sección 1. El descubrimiento del códice y su contenido    23

Sección 2. Publicación de las obras descubiertas: el efecto    25

Sección 3. Contenido de la enseñanza y relación con
otras obras    27

Sección 4. Autenticidad    31

Sección 5. Tiempo y lugar de composición    35

TRADUCCIONES

TRADUCCIÓN DE CHARLES H. HOOLE    43

Capítulo 1    45

Capítulo 2    46

Capítulo 3    47

Capítulo 4    48

Capítulo 5    49

Capítulo 6    50

Capítulo 7    50

Capítulo 8    51

Capítulo 9    51

Capítulo 10    52
Capítulo 11    53
Capítulo 12    54
Capítulo 13    55
Capítulo 14    56
Capítulo 15    56
Capítulo 16    57

TRADUCCIÓN DE J. B. LIGHTFOOT    59

TRADUCCIÓN DE ROBERTS-DONALDSON    77

Capítulo 1. Los dos caminos y el primer mandamiento 79
Capítulo 2. El segundo mandamiento: pecado grave
 prohibido    80
Capítulo 3. Otros pecados prohibidos    81
Capítulo 4. Diversos preceptos    82
Capítulo 5. El camino de la muerte    83
Capítulo 6. Contra los falsos maestros y los alimentos
 ofrecidos a los ídolos    84
Capítulo 7. Sobre el bautismo    84
Capítulo 8. Ayuno y oración (el Padre Nuestro) 85
Capítulo 9. La Eucaristía    85
Capítulo 10. La oración después de la Comunión 86
Capítulo 11. De los maestros, apóstoles y profetas 87
Capítulo 12. Acogida de los cristianos    88
Capítulo 13. Apoyo a los profetas    89
Capítulo 14. Asamblea cristiana en el día del Señor 89
Capítulo 15. Obispos y diáconos: la reprobación cristiana 90
Capítulo 16. Vigilancia; la venida del Señor  90

TRADUCCIÓN DE LAKE KIRSOPP                                    93

Capítulo 0                                                   95

Capítulo 1. Los dos caminos - El camino de la vida
La explicación - La limosna                                  95

Capítulo 2. La segunda parte de la enseñanza                 96

Capítulo 3. Otros consejos al catecúmeno                     97

Capítulo 4. El deber del catecúmeno para con la Iglesia
Contra la mezquindad - Deberes domésticos - Contra
la hipocresía                                                98

Capítulo 5. El camino de la muerte                          100

Capítulo 6. Exhortación final: alimentos y «cosas
ofrecidas a los ídolos»                                     101

Capítulo 7. Bautismo                                        101

Capítulo 8. Ayuno - Oraciones                               102

Capítulo 9. La Eucaristía - El Cáliz - El pan               102

Capítulo 10. La oración final de la Eucaristía              103

Capítulo 11. Maestros itinerantes - Apóstoles - Profetas    104

Capítulo 12. Cristianos viajeros                            106

Capítulo 13. Profetas que desean permanecer - Su pago
con primicias                                               106

Capítulo 14. El culto dominical                             107

Capítulo 15. Obispos y diáconos - Reprimendas mutuas        107

Capítulo 16. Advertencia de que se acerca el fin            108

El presente volumen ofrece una recopilación de distintas traducciones de un documento singular y convincente, la *Didaché*, o *Enseñanza de los doce apóstoles*». Este texto paleocristiano, posiblemente escrito en el siglo I o II, sirve de valiosa guía de las normas éticas y prácticas religiosas de las primeras comunidades cristianas. Al presentar las traducciones de J.B. Lightfoot, Alexander Roberts y James Donaldson, Kirsopp Lake y Charles H. Hoole, este libro pretende iluminar las diversas perspectivas y opciones interpretativas que conforman nuestra comprensión de este significativo texto paleocristiano.

En el ámbito de la traducción, cada interpretación es tanto una interpretación como una réplica. Cada traductor aborda un texto desde una perspectiva, unos conocimientos y un trasfondo cultural únicos, lo que invariablemente afecta a su interpretación. Cada uno aporta su comprensión del contexto, los matices culturales, las connotaciones históricas y las sutilezas lingüísticas a la tarea de traducir el texto original a su lengua. Esta premisa queda patente en las traducciones de la *Didaché* que se presentan en este volumen.

J.B. Lightfoot, un profundo erudito y teólogo del siglo XIX, era famoso por sus conocimientos sobre los padres apostólicos y la historia cristiana primitiva. Su traducción de la *Didaché* es testimonio de su profunda erudición y su meticuloso enfoque, con especial atención al contexto histórico. Su obra es alabada por la precisión y la claridad con que expresa las instrucciones morales y litúrgicas del texto original.

La obra de Alexander Roberts y James Donaldson forma parte de la amplia colección *Ante-Nicene Fathers*, que ofrece una valiosa perspectiva de la literatura cristiana primitiva. Su traducción de la *Didaché*, realizada en colaboración, representa una sinergia de perspectiva erudita y comprensión teológica, y ofrece una interpretación exhaustiva y fundamentada en la erudición teológica.

Kirsopp Lake, célebre erudito de principios del siglo XX, aportó un nuevo enfoque al estudio de la literatura cristiana primitiva. Su traducción de la *Didaché* se caracteriza por su precisión, su lucidez y su profundo conocimiento de las primeras prácticas cristianas. La obra de Lake es conocida por su meticulosidad y una comprensión matizada del entorno sociocultural del cristianismo primitivo.

La traducción de Charles H. Hoole, aunque menos conocida, ofrece una perspectiva distinta de la *Didaché*. Las singulares opciones interpretativas de Hoole proporcionan a los lectores una lente alternativa a través de la cual contemplar el texto, enriqueciendo nuestra comprensión de sus complejas directrices morales y litúrgicas.

Esta colección de textos invita al lector a explorar la *Didaché* a través de múltiples lentes, reconociendo que cada traducción es una interpretación influida por el contexto, las ideas y la erudición del traductor. Juntas, estas diversas traducciones proporcionan una comprensión más completa y polifacética de la *Didaché*, mejorando nuestra comprensión de la vida y el pensamiento de los primeros cristianos. Al reconocer el valor de cada una de estas traducciones, los lectores pueden apreciar la riqueza de la interpretación y la amplitud de la comprensión que puede extraerse de este documento vital del cristianismo primitivo.

Esperamos que esta recopilación sirva no sólo como recurso exhaustivo para quienes estudian la *Didaché*, sino también como testimonio de la diversidad y profundidad inherentes a la exploración y traducción de textos religiosos. Aquí reside la belleza de esta recopilación: en la variedad y versatilidad de las interpretaciones, encontramos una comprensión más rica y matizada de uno de los primeros textos instructivos del cristianismo.

Philotheos Bryennios (1833-1917)

# LA ENSEÑANZA DE LOS DOCE APÓSTOLES

## Roberts-Donaldson

El interés tan general suscitado en el mundo erudito por el descubrimiento (Bryennios) de un documento muy primitivo, hizo indispensable que esta reedición se enriqueciera con él, en conexión con las *Constituciones Apostólicas* (así llamadas), que se habían reservado para el volumen final de la serie. Los críticos estaban muy divididos en cuanto a la autenticidad del *Manuscrito Bryennios* y, para ganar tiempo, yo había relegado las *Constituciones*, con este documento como su secuela o su prefacio, a un lugar con los *Apócrifos*. Insatisfecho con mis propias impresiones y conjeturas, pronto decidí que la tarea de editar la *Enseñanza*, como se titula el documento de Bryennios, debía confiarse a un «experto», y que, si era posible, debía llevarse a cabo junto con las Constituciones. Con el fin de dar tiempo suficiente, confié la tarea, hace un año, a la cabeza y a las manos bien cualificadas del profesor Riddle de Hartford, que muy amablemente aceptó mis propuestas, y que ahora me permite presentar su trabajo terminado al público con el volumen al que pertenece propiamente. Será aclamado por los literatos en general como una oportuna revisión de todo el tema, y no me sorprendería encontrar la estimación del Dr. Riddle sobre la *Enseñanza* aceptada como la contribución más importante hecha hasta ahora a la literatura de investigación sobre su valor y carácter. Al aparecer, como lo hace en este lugar, en estrecha relación con las *Constituciones*, y con las comparaciones editoriales tan felizmente introducidas por el erudito anotador, el estudioso se encontrará en posición de sopesar y decidir por sí mismo todas las cuestiones que se han planteado en anteriores exámenes del caso. Sin arriesgarme a emitir mi propio juicio sobre las conclusiones a las que ha llegado el Dr. Riddle en el ejercicio de su gran habilidad crítica, no puedo dejar de expresar mi gratitud por la imparcialidad y la conciencia científica con que ha tratado el asunto. Sin dejarse influir por prejuicios, presenta el tema con serenidad judicial y con la debida consideración de lo que otros han sugerido. Me complace comprobar que mis propias impresiones se ven reforzadas por sus conclusiones. En una de las primeras noticias sobre el descubrimiento de Bryennios, aportada por una importante publicación, declaré mis conjeturas de que la *Enseñanza*, y sus paralelos en las *Constituciones* y otros escritos primitivos, demostrarían estar basados en algún documento original, común a todos. Incluso Lactancio, en sus *Institutos*, da forma a sus instrucciones a Constantino mediante las *Duae Viae,* que parecen haber sido formuladas en las edades más tempranas para la formación de los catecúmenos. La naturaleza elemental y el «infantilismo» de la obra se explican así, y estoy seguro de que la enseñanza «mistagógica» de Cirilo recibe luz de esta visión del asunto. Esta obra era «alimento para corderos»: no estaba destinada a satisfacer las necesidades de los «mayores de edad». Puede resultar, como insinúa el Dr. Riddle, que la *Enseñanza*, tal como la tenemos en el documento de Bryennios, esté contaminada por las opiniones de alguna secta o herejía naciente, o por la incompetencia de alguna oscura iglesia local aún no visitada por doctos maestros y evangelistas. No me parece improbable que esté influenciado por puntos de vista sobre los *carismata*, que maduraron en el montanismo, y que están ilustrados por las advertencias y amonestaciones de Hermas.

# Notas introductorias del
# Profesor M. B. Riddle, D.D.

# Sección 1
## El descubrimiento del Códice y su contenido

En 1873, Philotheos Bryennios, entonces director de la Escuela Superior de Griego de Constantinopla y ahora metropolitana de Nicomedia, descubrió una notable colección de manuscritos en la biblioteca del monasterio jerosolimitano del Santo Sepulcro de Constantinopla. Esta colección está encuadernada en un volumen y escrita por la misma mano. Está firmado por «León, notario y pecador», y lleva la fecha griega de 6564 = 1056 d.C. No hay razón para dudar de la antigüedad de los manuscritos. Los documentos han sido examinados por el profesor Albert L. Long, del Robert College de Constantinopla; y algunas de las páginas, reproducidas por fotografía, fueron publicadas por la Universidad Johns Hopkins, de Baltimore, en abril de 1885. El celo de sus guardianes no implica falta de confianza en la antigüedad y el valor del códice. El contenido de los 120 folios (240 pp.) es el siguiente:

I. Sinopsis del Antiguo y Nuevo Testamento, por San Crisóstomo (fol. 1-32).

II. Epístola de Bernabé (fol. 33-51b).

III. Las dos Epístolas de Clemente a los Corintios (fol. 51b-76a).

IV. La enseñanza de los doce apóstoles (fol. 76a-80).

V. Epístola de María de Cassoboli a Ignacio (fol. 81-82a).

VI. Doce epístolas de Ignacio (fol. 82a-120a).

La última parte del folio 120a contiene la firma y la fecha; luego sigue un relato de la genealogía de José, que continúa en la otra página de la hoja.

Schaff (p. 6) ofrece un facsímil del fol. 120a.

De ellos, el apartado I aporta algunas partes inéditas y proporciona material para la crítica textual. El II proporciona la segunda copia griega de Bernabé, así como nuevas lecturas. El III es muy valioso, el texto de ambas epístolas está ahora completo. Dos quintas partes del de la segunda eran desconocidas hasta ahora. El valor para la crítica textual también es grande. El IV es la *Enseñanza*, cuyo valor se analiza más adelante. El apartado V y el VI pertenecen a la literatura ignaciana, y proporcionan nuevas lecturas, que ya han aparecido en las ediciones de Funk (*Opera Patr. Apost.*, ii., Tubinga, 1881) y Lightfoot (*Epístolas de San Ignacio*, Londres y Cambridge, 1885).

# Sección 2
# Publicación de las obras descubiertas: el efecto

En 1875 Bryennios, que había sido elegido metropolitano de Serrae durante su ausencia en la conferencia católica antigua en Bonn, publicó en Constantinopla las dos epístolas de Clemente, con prolegómenos y notas; dando el texto encontrado en el códice de Jerusalén, como él lo llamó. Todos los eruditos patrísticos acogieron con satisfacción su trabajo, que llevaba todas las marcas del cuidado y el aprendizaje, mostrando los resultados de su contacto, como estudiante, con los métodos alemanes. El obispo Lightfoot y muchos otros utilizaron inmediatamente este nuevo material. El resto del contenido del códice fue nombrado en el volumen de Bryennios, y la mención de la *Enseñanza* despertó cierto interés. El erudito metropolitano proporcionó a los eruditos alemanes nuevas lecturas de otras partes del códice. A finales de 1883 publicó en Constantinopla el texto de la *Enseñanza*, con prolegómenos y notas. Una copia del volumen se recibió en Alemania en enero de 1884; se tradujo al alemán y se publicó el 3 de febrero de 1884; se tradujo del alemán al inglés y se publicó en América el 28 de febrero de 1884; el archidiácono Farrar publicó (*Contemporary Review*) una versión del griego en mayo de 1884. Antes de finalizar el año, la bibliografía sobre el tema, excluidos los artículos periodísticos, abarcaba cincuenta títulos (indicados por Schaff) en Europa occidental y América.

# Sección 3
## Contenido de la enseñanza y relación con otras obras

En la Babel de opiniones encontradas, lo mejor es fijarse primero en los fenómenos internos evidentes. La primera parte de la *Enseñanza* (ahora distinguida como caps. i.-vi.) establece el deber del cristiano; en los caps. vii.-x., xiv., encontramos un directorio para el culto; los caps. xi.-xiii., xv., dan consejos respecto a los oficiales de la iglesia, extraordinarios y locales, y la recepción de cristianos; el capítulo final (xvi) ordena vigilancia en vista de la venida de Cristo, que se describe a continuación.

La cantidad de materia no es tan grande como la del Sermón de la Montaña.

Las peculiaridades del lenguaje son notables, pero sólo pueden indicarse aquí en notas a pie de página. Apuntan a un periodo de transición del uso neotestamentario al del griego eclesiástico. Las citas de las Escrituras se asemejan a las de los Padres Apostólicos. El Evangelio de Mateo es el más utilizado, sobre todo los capítulos v.-vii. y xxiv.; pero algunos de los pasajes implican un conocimiento del

Evangelio de Lucas. Hay algunas correspondencias notables con expresiones y pensamientos que se encuentran en el Evangelio de Juan, mientras que hay buenas razones para inferir que el escritor conocía todos los grupos de epístolas paulinas. Sus alusiones a otros libros del Nuevo Testamento son menos marcadas. Nada prueba que no conociera todos los libros canónicos. Si se acepta una fecha temprana, el tono del conjunto se opone a la teoría tendencial de la escuela de Tubinga.

Los fenómenos internos más sorprendentes son, sin embargo, las correspondencias de este documento con los primeros escritos cristianos, desde el 125 d.C. hasta el siglo IV. Con la llamada *Epístola a Bernabé*, capítulos xviii-xx, las semejanzas son tan marcadas que exigen una teoría crítica que pueda explicarlas. Algunos pasajes del *Pastor de Hermas* muestran cierta semejanza; pero sólo dos frases, en el Segundo Mandamiento, son verbalmente las mismas. Hay una coincidencia aún mayor con el llamado *Orden de la Iglesia Apostólica*, de origen egipcio, probablemente tan antiguo como el siglo III. Ahora se conoce en copto (menfítico), y también en árabe y griego. Los trece primeros cánones se corresponden bastante estrechamente, tanto en orden como en palabras, con los capítulos i.-iv. de la *Enseñanza*.

Lo más notable, sin embargo, es el paralelismo con las *Constituciones Apostólicas*, vii. 1-32, que contienen más de la mitad de la *Enseñanza*, precisamente en el mismo orden, con semejanzas verbales muy estrechas. Las partes omitidas son en la mayoría de los casos las que habían perdido su pertinencia en el siglo IV, mientras que parecen apropiadas para un período muy anterior. Los detalles se encontrarán en las notas a pie de página de la *Enseñanza* en este volumen. Estos fenómenos han dado lugar a voluminosas discusiones y son los hechos más importantes para determinar la autenticidad y antigüedad de la Enseñanza.

# Sección 4
## Autenticidad

Por esto se entiende, en este caso, la identidad sustancial del documento recientemente descubierto con la obra conocida y mencionada por los primeros escritores cristianos bajo el mismo título (o uno similar). Nadie debería atreverse a hablar de origen apostólico, ya que el texto del documento no hace tal afirmación, y la evidencia interna está obviamente en contra de tal sugerencia. Por otra parte, no hay razón para dudar de la antigüedad del códice ni de la exactitud de la edición publicada por Bryennios.

Eusebio (*m.* 340) de Cesarea, en el famoso pasaje de su historia (iii. 25) que trata de los libros canónicos del Nuevo Testamento, nombra entre las obras «espurias» «las llamadas Enseñanzas *de los Apóstoles*» La forma plural no prohíbe una referencia a la obra en discusión, ya que Atanasio (*m.* 373) tiene una nota que apunta claramente al mismo escrito, en la que usa el singular (Epístola Festal, 39). Rufino (*m.* 410) habla de una breve obra llamada *Los dos caminos*, o *El juicio de Pedro*; y este hecho, en vista del contenido de la

*Enseñanza*, proporciona uno de los datos más importantes para la discusión crítica. La última mención de la *Enseñanza* fue hecha por Nicéforo (*m.* 828) más de doscientos años antes de que León hiciera esta copia. Clemente de Alejandría (*m. hacia* 216) e Ireneo (*mart.* 202) utilizan expresiones que pueden indicar un conocimiento de este escrito. Las correspondencias más extensas con Bernabé y obras disciplinares posteriores se han señalado anteriormente (sec. 3). La existencia de una antigua traducción latina de la *Enseñanza*, del siglo X, de la que se ha conservado un fragmento, aporta pruebas generales de la autenticidad de la copia griega, pero por sus variaciones sugiere la presencia de muchas corrupciones textuales. Su mayor correspondencia con Bernabé ha llevado a la teoría de que el traductor utilizó ambos documentos. Otros suponen que su forma apunta a un documento que fue la fuente común de la forma griega de la *Enseñanza* y de Bernabé.

Las diversas teorías basadas en los hechos anteriores no pueden ni siquiera enunciarse. Las siguientes posiciones parecen, en conjunto, las más defendibles:

1. El códice griego presenta sustancialmente el escrito al que se refieren Eusebio y Atanasio.

2. Debido a la ausencia de otras copias, no podemos determinar la pureza del texto; pero es muy probable que haya muchas corrupciones menores.

3. Esta probabilidad exige tener cuidado para no inferir demasiado de los parecidos verbales.

4. Las semejanzas con el libro vii, *Constituciones Apostólicas*, son, sin embargo, de tal carácter que establecen, no sólo una conexión literaria entre las dos obras, sino también la prioridad de la *Enseñanza*.

5. En el caso de Bernabé, las semejanzas pueden explicarse (*a*) aceptando la prioridad de *la Enseñanza,* o (*b*) asumiendo una fuente común (anterior y desconocida), o (*c*) aceptando la prioridad de Bernabé, y asumiendo tales corrupciones en la copia griega de la *Enseñanza* como explicación de las supuestas marcas de su prioridad. A pesar de la adopción general de (*a*), sigue habiendo una fuerte probabilidad de que (*b)* sea la solución correcta del problema.

6. Las *Duae Viae*, de las que habla Rufino, pueden ser la fuente común. No tenemos ninguna prueba positiva, pero las «dos vías» forman un tema tan prominente en la mayoría de estos documentos que indican relación literaria, como para alentar esta teoría. Si hubo una fuente común, probablemente sólo contenía material similar a los caps. i.-v., que fue diversamente utilizado por los compiladores posteriores. Aquí se han sugerido varias teorías. Ninguna de ellas, sin embargo, exige necesariamente una fecha muy tardía de la *Enseñanza*, ni nos obliga a negar que Eusebio y Atanasio se refirieran sustancialmente a la misma obra que existe ahora en el Códice de Constantinopla. Se han observado muchas semejanzas en otras obras.

Probablemente en el transcurso de unos pocos años se habrán reunido todos los datos y se habrá llegado a un resultado bien definido basado en ellos. Pero, incluso en este período de discusión, existe un notable acuerdo entre los críticos respecto a la cuestión principal de la autenticidad.

# Sección 5
## Tiempo y lugar de composición

Concediendo la autenticidad general de la obra griega, la época de composición debe ser al menos tan temprana como la primera mitad del siglo II. Si la *Enseñanza* es anterior a Bernabé, entonces no puede ser posterior al 120 d.C. Si ambas proceden de una fuente común, el intervalo de tiempo probablemente no fue muy grande. El documento en sí lleva muchas marcas de una fecha temprana:

1. Su sencillez, casi infantil, no sólo descarta toda idea de falsificación, sino que apunta a la época subapostólica, durante la cual el cristianismo manifestó esta característica. El hecho es importante en la discusión sobre el canon del Nuevo Testamento.

2. El pensamiento cristiano no desarrollado, así como los indicios de herejía no desarrollada, confirman esta posición. El cristianismo fue al principio una vida, para la que los Apóstoles proporcionaron una base de pensamiento revelado. Pero los cristianos de la época

subapostólica no habían asimilado conscientemente el pensamiento en gran medida, mientras que su esfuerzo ético se veía estimulado por los graves pecados que les rodeaban.

3. La política eclesiástica indicada en la *Enseñanza* está menos desarrollada que la de las auténticas Epístolas ignacianas, y muestra la existencia de maestros itinerantes extraordinarios («Apóstoles» y «Profetas», cap. xi.). Esto apunta a una fecha no posterior a la primera mitad del siglo II, probablemente ya en el primer cuarto.

Sin embargo, la mayoría de estos fenómenos concordarían con una fecha tan tardía como la de las Epístolas ignacianas, según la teoría de que la *Enseñanza* fue escrita para una comunidad de cristianos en alguna localidad oscura. Pero esta teoría debe admitir que existió durante mucho tiempo una gran variedad de política y culto eclesiásticos. De esto hay, de hecho, pruebas considerables. La forma poco desarrollada de los elementos doctrinales de la obra constituye la objeción más seria a la teoría de un origen tardío. Por otra parte, parece improbable que la obra, en su forma actual, se escribiera antes de principios del siglo II: (1) Un documento así no se escribiría en vida de ninguno de los Apóstoles. (2) No hay ninguna alusión en el cap. xvi. a la destrucción de Jerusalén. Si el autor era un judío cristiano, como parece más probable, tal silencio implica un intervalo de al menos una generación. (3) La posición del documento en el Códice es *posterior a* las Epístolas Clementinas y *anterior* a las Ignacianas. Esto probablemente marca la posición cronológica. (4) La extrema simplicidad apenas consiste en la opinión de que el autor era casi contemporáneo de los Apóstoles.

Bryennios y Harnack asignan como fecha entre 120 y 160; Hilgenfeld, 160 y 190; los eruditos ingleses y americanos varían entre 80 y 120 d.C.. Hasta que la prioridad de Bernabé se establezca más positivamente, los dos pueden ser considerados de la misma edad, alrededor de 120, aunque una fecha ligeramente posterior no es imposible. Todos los intentos de descubrir al autor son, con nuestra actual falta de datos, necesariamente inútiles. Ni siquiera puede determinarse la región en la que y para la que fue compuesto. Las tendencias judeo-cristianas no están suficientemente indicadas para justificar la suposición de un objetivo polémico. El documento ha sido asignado a Alejandría, Antioquía, Jerusalén; de hecho, se han nombrado muchos otros lugares. A favor del origen sirio está la conexión literaria con las *Constituciones Apostólicas*, mientras que las correspondencias con la Epístola a Bernabé sugieren Egipto como localidad. Si la *Enseñanza* y Bernabé tienen una base común, por ejemplo, la *Duae Viae*, esta última puede asignarse a Egipto, y la *Enseñanza*, en su forma actual, a Siria. Los que insisten en la ausencia de doctrina paulina en la *Enseñanza* insisten en el origen palestino. [Si sólo estaba destinada a los catecúmenos, este hecho se explica suficientemente].

La cuestión sigue abierta.

En cuanto a la doctrina, la política, los usos y la ética expresados e implícitos en la *Enseñanza*, el lector puede juzgar por sí mismo. El autor opina que la obra representa, en muchos de estos puntos, sólo a una fracción muy pequeña de los cristianos del siglo II y que, aunque arroja alguna luz sobre los usos de ese período, no puede considerarse un testimonio autorizado sobre la fe y la práctica universales de los creyentes en la fecha que se le suele asignar. Las pocas noticias que se tienen de él y su pronta desaparición confirman esta posición. La teoría de un origen compuesto también concuerda con esta estimación del documento en su conjunto.

La versión de la *Enseñanza* que aquí se ofrece es la del Profesor Isaac H. Hall y el Sr. John T. Napier, que apareció por primera vez en el *Sunday-School Times* (Filadelfia), el 12 de abril de 1884. Se vuelve a publicar ahora con el permiso del editor de ese periódico y de los autores conjuntos. Se han introducido algunos ligeros cambios, algunos de ellos de acuerdo con las sugerencias del profesor Hall, otros para indicar las correspondencias con el libro vii de las *Constituciones Apostólicas*.

La división de los versículos coincide con la de Harnack, tal como la presenta Schaff. Los títulos de los capítulos han sido insertados por el editor. Las referencias bíblicas han sido seleccionadas y verificadas. Las notas se han mantenido dentro de límites estrechos. Sirven para indicar la relación de la materia con la de otros escritos tempranos, principalmente las *Constituciones Apostólicas*, y para dar varias lecturas e interpretaciones. Ocasionalmente se han insertado explicaciones y comentarios. Al tratar de este libro, como de la mayoría de los demás, el mejor método de estudio es el histórico-exegético. Leer el libro inteligentemente es mejor que leer sobre él. El editor ha procurado proporcionar alguna ayuda en este método.

# Traducciones

Traducción de
Charles H. Hoole

# CAPÍTULO 1

1:1 Hay dos caminos, uno de vida y otro de muerte, y la diferencia es grande entre los dos caminos.

1:2 El camino de la vida es este: en primer lugar, amarás al Dios que te hizo, a tu prójimo como a ti mismo, y todo lo que no quieras que te hagan a ti, no se lo hagas a otro.

1:3 La doctrina de estas máximas es la siguiente. Bendecid a los que os maldicen, y orad por vuestros enemigos. Ayunad en favor de los que os persiguen; porque ¿qué gracias hay si amáis a los que os aman? ¿No hacen lo mismo incluso los gentiles? Pero amad a los que os odian, y no tendréis enemigo.

1:4 Abstente de los deseos carnales y mundanos. Si alguno te hiriere en la mejilla derecha, vuélvele también la otra, y serás perfecto; si alguno te obligare a andar una milla, anda con él dos; si alguno te quitare tu manto, dale también tu túnica; si alguno te quitare lo que es tuyo, no se lo vuelvas a pedir, porque ni tú puedes hacerlo.

1:5 Da a todo el que te pida, y no vuelvas a pedir, porque el Padre quiere que de lo suyo se dé a todos. Bienaventurado el que da conforme al mandamiento, porque está libre de culpa; pero ¡ay del que recibe! Porque el que recibe estando necesitado, quedará libre de culpa; pero el que recibe cuando no está necesitado, pagará la pena de por qué recibió y para qué; y cuando esté en tribulación será examinado acerca de las cosas que ha hecho, y no saldrá de allí hasta que haya pagado la última moneda.

1:6 Porque en verdad se ha dicho sobre estos asuntos: Deja que tu limosna permanezca en tus manos hasta que sepas a quién se la has dado.

# CAPÍTULO 2

2:1 Pero el segundo mandamiento de la enseñanza es este.

2:2 No matarás; no cometerás adulterio; no corromperás a la juventud; no cometerás fornicación; no robarás; no usarás la adivinación; no practicarás la hechicería; no matarás a un niño por aborto, ni lo matarás cuando nazca; no codiciarás los bienes de tu prójimo;

2:3 No cometerás perjurio; no levantarás falso testimonio; no hablarás mal; no harás maldad;

2:4 No serás de doble ánimo ni de doble lengua, porque ser de doble lengua es trampa de muerte.

2:5 Tu discurso no será falso ni vacío, sino que se referirá a la acción.

2:6 No serás avaro, ni rapaz, ni hipócrita, ni malicioso, ni orgulloso; no emprenderás un mal designio contra tu prójimo;

2:7 No odiarás a nadie, sino que a unos los retarás, a otros les rogarás y a otros amarás más allá de tu alma.

# CAPÍTULO 3

3:1 Hijo mío, huye de todo lo malo y de todo lo que se le parezca.

3:2 No seáis iracundos, porque la ira conduce a la matanza; no seáis celosos, ni pendencieros, ni pendencieros, porque de todas estas cosas se sigue la matanza.

3:3 Hijo mío, no seas lujurioso, porque la lujuria lleva a la fornicación; no seas hablador obsceno; no seas alzador de ojos, porque de todas estas cosas vienen los adulterios.

3:4 Hijo mío, no seas observadora de presagios, pues ello conduce a la idolatría, ni hechicera, ni astróloga, ni purificadora ambulante, ni desees ver estas cosas, pues de todo ello surge la idolatría.

3:5 Hijo mío, no seas mentiroso, porque la mentira conduce al robo; no seas avaro ni vanidoso, porque de todas estas cosas nacen los robos.

3:6 Hijo mío, no seas murmurador, porque eso lleva a la blasfemia; no seas obstinado ni malvado, porque de todas estas cosas se producen las blasfemias;

3:7 pero sé manso, porque los mansos heredarán la tierra;

3:8 sé paciente, compasivo, inofensivo, pacífico y bueno, y teme siempre las palabras que has oído.

3:9 No te enaltecerás, ni pondrás arrojo en tu alma. Tu alma no se unirá a los altivos, sino que caminarás con los justos y humildes.

3:10 Acepta como buenas las cosas que te suceden, sabiendo que sin Dios nada sucede.

# CAPÍTULO 4

4:1 Hijo mío, acuérdate de noche y de día de aquel que te habla la Palabra de Dios; hónralo como al Señor, porque donde se imparte la enseñanza del Señor, allí está el Señor;

4:2 buscarás día a día el favor de los santos, para que descanses en sus palabras;

4:3 no desearás el cisma, sino que pondrás en paz a los que contienden; juzgarás con justicia; no aceptarás la persona de nadie para condenarlo por transgresión;

4:4 No dudarás si una cosa será o no será.

4:5 No seas camilla de tu mano al recibir, y cajón de ella al dar.

4:6 Si tienes, da por medio de tus manos la redención de tus pecados.

4:7 No dudes en dar, ni murmures al dar, porque debes saber quién es el justo recompensador de la recompensa.

4:8 No rechazarás al necesitado, sino que compartirás con tu hermano todas las cosas, y no dirás que las cosas son tuyas, porque si sois socios en lo inmortal, ¿cuánto más en lo mortal?

4:9 No apartarás tu corazón de tu hijo ni de tu hija, sino que desde su juventud les enseñarás el temor de Dios.

4:10 No mandes con amargura a tu siervo ni a tu sierva, que esperan en el mismo Dios que tú, para que no teman en consecuencia al Dios que está sobre ambos, pues no viene a llamar con acepción de personas, sino a los que el Espíritu ha preparado.

4:11 Y vosotros, siervos, someteos a vuestros amos con reverencia y temor, como si fuerais el tipo de Dios.

4:12 Aborrecerás toda hipocresía y todo lo que no sea agradable a Dios;

4:13 No abandonarás los mandamientos del Señor, sino que guardarás lo que has recibido, sin añadirle ni quitarle nada;

4:14 Confesarás tus transgresiones en la Iglesia y no vendrás a la oración con mala conciencia. Este es el camino de la vida.

# CAPÍTULO 5

5:1 Pero el camino de la muerte es este. En primer lugar, es malo y lleno de maldición; en él se hallan homicidios, adulterios, concupiscencias, fornicaciones, hurtos, idolatrías, adivinaciones, hechicerías, robos, falsos testimonios, hipocresías, doble ánimo, astucia, soberbia, malicia, obstinación, avaricia, conversaciones deshonestas, celos, audacia, orgullo, arrogancia;

5:2 hay quienes persiguen a los buenos, amadores de la mentira, que no conocen el premio de la justicia, que no se apegan al bien ni al justo juicio, que no velan por los buenos sino por los malos, de quienes están lejos la mansedumbre y la paciencia, que aman lo vano, que van tras la recompensa, que no tienen compasión del necesitado, ni trabajan por el que está en apuros, que no conocen al que los hizo, asesinos de niños, corruptores de la imagen de Dios, que se apartan del necesitado, que oprimen al que está en apuros, jueces injustos de los pobres, errantes en todo. De todo esto, hijos, libraos.

# CAPÍTULO 6

6:1 Procura que nadie te haga desviarte de este camino de doctrina, ya que quien así lo hace te enseña lejos de Dios.

6:2 Si eres capaz de llevar todo el yugo del Señor, serás perfecto; pero si no puedes, haz lo que puedas.

6:3 En cuanto a la comida, come lo que puedas. Pero guárdate con cuidado de las cosas sacrificadas a los ídolos, porque es la adoración de las deidades infernales.

# CAPÍTULO 7

7:1 En cuanto al bautismo, bautizad así: habiendo recitado primero todos estos preceptos, bautizad en el nombre del Padre, y del Hijo, y del Espíritu Santo, en agua corriente;

7:2 Pero si no tienes agua corriente, bautiza en otra agua; y si no puedes bautizar en agua fría, en agua tibia;

7:3 Pero si no tienes ninguno, derrama tres veces agua sobre la cabeza, en el nombre del Padre, del Hijo y del Espíritu Santo.

7:4 Pero antes del bautismo, que ayunen previamente el que bautiza y el que es bautizado, y los que puedan. Y mandarás que el que se bautiza ayune uno o dos días antes.

# CAPÍTULO 8

8:1 En cuanto a vuestros ayunos, que no sean como los de los hipócritas, pues ellos ayunan el segundo y el quinto día de la semana, pero vosotros ayunad el cuarto y el sexto día.

8:2 No oréis como los hipócritas, sino como el Señor lo ha mandado en su Evangelio: Padre nuestro que estás en los cielos, santificado sea tu nombre. Venga a nosotros tu reino. Hágase tu voluntad, como en el cielo, así también en la tierra. Danos hoy nuestro pan de cada día. Y perdónanos nuestras deudas, como también nosotros perdonamos a nuestros deudores. Y no nos dejes caer en la tentación, mas líbranos del mal; porque tuyo es el poder y la gloria por los siglos de los siglos.

8:3 Rezad así tres veces al día.

# CAPÍTULO 9

9:1 En cuanto a la Eucaristía, dad gracias de esta manera.

9:2 En primer lugar, acerca de la copa. Te damos gracias, Padre nuestro, por la vid santa, David tu Hijo, que nos has dado a conocer por Jesucristo tu Hijo; a ti sea la gloria por los siglos.

9:3 Y sobre el pan partido Te damos gracias, Padre nuestro, por la vida y la ciencia que nos has dado a conocer por medio de Jesús tu Hijo; a ti sea la gloria por los siglos de los siglos.

9:4 Como este pan partido fue esparcido una vez por los montes, y después de reunido se hizo uno, así sea reunida tu Iglesia desde los confines de la tierra hasta tu reino, porque tuya es la gloria y el poder, por Jesucristo, para siempre.

9:5 Y que nadie coma ni beba de vuestra Eucaristía, sino los que han sido bautizados en el nombre del Señor, porque en verdad el Señor ha dicho acerca de esto: No deis a los perros lo que es santo.

# CAPÍTULO 10

10:1 Pero después de que se haya completado, orad así.

10:2 Te damos gracias, Padre santo, por tu santo nombre, que has hecho habitar en nuestros corazones, y por el conocimiento, la fe y la inmortalidad que nos has dado a conocer por medio de Jesús, tu Hijo; a ti sea la gloria por los siglos de los siglos.

10:3 Tú, Maestro Todopoderoso, creaste todas las cosas por amor de tu nombre, y diste a los hombres comida y bebida para que las disfrutaran, a fin de que te diéramos gracias, pero a nosotros nos has dado comida y bebida espirituales, y vida eterna, por medio de tu Hijo.

10:4 Ante todo, te damos gracias porque eres capaz de salvar; a ti sea la gloria por los siglos de los siglos.

10:5 Acuérdate, Señor, de tu Iglesia, para redimirla de todo mal, perfeccionarla en tu amor y reunirla de los cuatro vientos, santificada para tu reino que le has preparado, porque tuyo es el reino y la gloria por los siglos.

10:6 Venga la gracia y pase este mundo. Hosanna al Hijo de David. Si alguno es santo, que venga (a la Eucaristía); si alguno no lo es, que se arrepienta. Maranatha. Amén.

10:7 Pero encarga a los profetas que den gracias, en la medida en que estén dispuestos a hacerlo.

# CAPÍTULO 11

11:1 A cualquiera, pues, que venga y os enseñe todo esto, a ése recibid;

11:2 Pero si el maestro mismo se vuelve y enseña otra doctrina con el fin de subvertiros, no le escuchéis; pero si viene a añadir algo a vuestra justicia y al conocimiento del Señor, recibidlo como al Señor.

11:3 En cuanto a los apóstoles y profetas, haced así según la doctrina del Evangelio.

11:4 Que todo apóstol que venga a vosotros sea recibido como el Señor.

11:5 Permanecerá un día, y si es necesario, un segundo; pero si permanece tres días, es un falso profeta.

11:6 Que el apóstol, al partir, no tome más que pan hasta llegar a su lugar de descanso; pero si pide dinero, es un falso profeta.

11:7 No tentaréis ni disputaréis con ningún profeta que hable en el espíritu, porque todo pecado será perdonado, pero este no.

11:8 Pero no todo el que habla en espíritu es profeta, sino el que tiene la disposición del Señor; por sus disposiciones, pues, serán conocidos: el falso profeta y el profeta.

11:9 Todo profeta que ordene en espíritu que se ponga una mesa, él mismo no comerá de ella; y si hace otra cosa, es falso profeta;

11:10 y todo profeta que enseña la verdad, si no hace lo que enseña es falso profeta;

11:11 Todo profeta aprobado y verdadero, que ejerce su ministerio en el misterio visible de la Iglesia, pero que no enseña a otros a hacer lo que él mismo hace, no será juzgado por vosotros, porque con Dios está su juicio, ya que así hicieron también los antiguos profetas.

11:12 Pero a cualquiera que os diga en espíritu: Dadme dinero o cosas por el estilo, no le escuchéis; pero si os dice de otros necesitados que les deis, que nadie le juzgue.

# CAPÍTULO 12

12:1 Recibid a todo el que venga en nombre del Señor, pero después lo examinaréis y conoceréis su carácter, porque tenéis conocimiento tanto del bien como del mal.

12:2 Si el que viene es un caminante, ayudadle en la medida de vuestras posibilidades, pero no permanecerá con vosotros más de dos o tres días, a menos que haya necesidad.

12:3 Pero si quiere establecerse con vosotros, siendo artesano, que trabaje y coma;

12:4 pero si no sabe ningún oficio, proveed según vuestra discreción, para que un cristiano no viva ocioso entre vosotros;

12:5 pero si no está dispuesto a hacerlo, es un traficante de Cristo. De los tales mantente alejado.

# CAPÍTULO 13

13:1 Todo profeta verdadero que quiera habitar entre vosotros es digno de su alimento.

13:2 Así también el verdadero maestro es digno de su alimento, como lo es el obrero.

13:3 Tomarás, pues, las primicias de todos los productos del lagar y de la era, de los bueyes y de las ovejas, y se las darás a los profetas, porque ellos son tus sumos sacerdotes;

13:4 pero si no tenéis profeta, dadlo a los pobres.

13:5 Si haces fiesta, toma y da las primicias según el mandamiento;

13:6 del mismo modo, cuando abras una jarra de vino o de aceite, toma las primicias y dáselas a los profetas;

13:7 Toma también las primicias del dinero, de la ropa y de toda posesión, según te parezca bien, y dalo conforme al mandamiento.

# CAPÍTULO 14

14:1 El día del Señor, después de haberos reunido, partid el pan y dad gracias, confesando además vuestros pecados, para que vuestro sacrificio sea puro.

14:2 Pero que no se una a vosotros ninguno que tenga pleito con su compañero, hasta que se reconcilien, para que vuestro sacrificio no sea contaminado,

14:3 porque es lo que ha dicho el Señor. En todo lugar y tiempo ofrecedme un sacrificio puro, porque yo soy un gran rey, dice el Señor, y mi nombre es maravilloso entre los gentiles.

# CAPÍTULO 15

15:1 Elegid, pues, para vosotros obispos y diáconos dignos del Señor, hombres mansos y no codiciosos, veraces y aprobados, que desempeñen para vosotros el servicio de profetas y maestros.

15:2 No los despreciéis, pues son los que gozan de honra entre vosotros, junto con los profetas y los maestros.

15:3 Reprendeos los unos a los otros, no con ira, sino pacíficamente, como se os ha mandado en el Evangelio; pero no habléis a nadie que ande desordenadamente con respecto a su prójimo, ni seáis escuchados por él hasta que se arrepienta.

15:4 Pero vuestras oraciones, vuestras limosnas y todas vuestras obras hacedlas así, como lo manda el Evangelio de nuestro Señor.

# CAPÍTULO 16

16:1 Velad por vuestra vida; que no se apaguen vuestras lámparas ni se aflojen vuestros lomos, sino estad preparados, porque no sabéis la hora en que vendrá nuestro Señor.

16:2 Reuníos con frecuencia, buscando lo que conviene a vuestras almas; porque de nada os aprovechará todo el tiempo de vuestra fe, si no sois hallados perfectos en el último tiempo.

16:3 Porque en los últimos días se multiplicarán los falsos profetas y los seductores, y las ovejas se convertirán en lobos, y el amor en odio;

16:4 y porque abunda la iniquidad, se odiarán unos a otros, se perseguirán unos a otros y se entregarán unos a otros; y entonces aparecerá el Engañador del mundo como Hijo de Dios, y hará señales y prodigios, y la tierra será entregada en sus manos; y hará cosas ilícitas, como nunca han sucedido desde el principio del mundo.

16:5 Entonces la creación del hombre será sometida a la prueba del fuego, y muchos se ofenderán y perecerán; pero los que permanezcan en su fe serán salvados por la roca misma de la ofensa.

16:6 Entonces aparecerán las señales de la verdad: primero, la señal de la aparición en el cielo; después, la señal del sonido de la trompeta; y en tercer lugar, la resurrección de los muertos.

16:7 No de todos, sino como se ha dicho: Vendrá el Señor y todos sus santos con él;

16:8 entonces el mundo verá al Señor que viene sobre las nubes del cielo.

Traducción de
J. B. Lightfoot

1:1 Hay dos caminos, uno de vida y otro de muerte, y hay una gran diferencia entre los dos caminos.

1:2 {El camino de la vida} es este.

1:3 Ante todo, {amarás al Dios} que te hizo;

1:4 en segundo lugar, {a tu prójimo como a ti mismo.}

1:5 {Todo lo que no quieras que te suceda a ti, no se lo hagas a otro}.

1:6 La doctrina de estas palabras es la siguiente.

1:7 {Bendigan a los que los maldicen, y oren por} sus enemigos y ayunen por {los que los persiguen;

1:8 Porque ¿qué gracias es que améis a los que os aman? ¿No hacen también lo mismo los gentiles? Pero amad a los que os aborrecen,} y no tendréis enemigo.

1:9 Abstente de los deseos carnales y corporales.

1:10 {Si alguien te da un golpe en la mejilla derecha, vuélvele también la otra,} y serás perfecto;

1:11 {Si un hombre te impresiona para que vayas con él una milla, ve con él dos;

1:12 Si alguien te quita tu manto, dale también tu túnica;

1:13 Si alguien te quita lo que es tuyo, no se lo pidas de vuelta,} porque tú tampoco puedes.

1:14 {A todo el que te pida, dale y no le pidas;}

1:15 porque el Padre desea que se den dones a todos de Su propia generosidad.

1:16 Bienaventurado el que da según el mandamiento;

1:17 porque es inocente.

1:18 Ay del que recibe;

1:19 porque el que recibe teniendo necesidad, es inocente;

1:20 pero el que no tiene necesidad deberá dar satisfacción de por qué y para qué recibió;

1:21 y, puesto en prisión, será examinado acerca de las obras que ha hecho, y {no saldrá de allí hasta que haya devuelto la última moneda.}

1:22 Sí, en cuanto a esto también se dice;

1:23 {Deja que tu limosna sude en tus manos, hasta que aprendas a quién dar.}


2:1 Este es el segundo mandamiento de la enseñanza.

2:2 {No cometerás homicidio, no cometerás adulterio,} no corromperás a los niños, no cometerás fornicación, {no robarás,} no harás magia, no harás hechicería, no asesinarás a un niño por aborto ni lo matarás cuando nazca, {no codiciarás los bienes de tu prójimo, no cometerás perjurio, no levantarás falso testimonio,} no hablarás mal, no guardarás rencor, no serás de doble ánimo ni de doble lengua;

2:3 porque la doble lengua es trampa de muerte.

2:4 Tu palabra no será falsa ni vacía, sino que se cumplirá con hechos.

2:5 No serás avaro, ni saqueador, ni hipócrita, ni malhumorado, ni orgulloso.

2:6 No albergues malos propósitos contra tu prójimo.

2:7 {No odiarás} a nadie, {pero a unos reprenderás,} y por otros orarás, {y a otros amarás} más que a tu vida.

3:1 Hijo mío, huye de todo mal y de todo lo que se le parezca.

3:2 No te enfades, porque la ira conduce al homicidio, ni tengas celos, ni seas pendenciero, ni iracundo;

3:3 porque de todo esto se engendran los homicidios.

3:4 Hijo mío, no seas lujuriosa, porque la lujuria conduce a la fornicación, ni hables mal ni con los ojos levantados;

3:5 porque de todas estas cosas se engendran los adulterios.

3:6 Hijo mío, {no seas comerciante en agüeros,} pues ello conduce a la idolatría, ni encantador, ni astrólogo, ni mago, ni estés dispuesta a mirarlos;

3:7 porque de todas estas cosas se engendra la idolatría.

3:8 Hijo mío, no seas mentiroso, porque la mentira conduce al robo, ni avaro ni vanidoso;

3:9 porque de todas estas cosas se engendran robos.

3:10 Hijo mío, no seas murmurador, porque eso lleva a la blasfemia, ni obstinado, ni pensador de malos pensamientos;

3:11 porque de todas estas cosas se engendran blasfemias.

3:12 Sed mansos, porque {los mansos heredarán la tierra}.

3:13 Sé paciente, compasivo, inocente, {tranquilo} y bondadoso {y} ten siempre presentes {las palabras} que has oído.

3:14 No te enaltecerás, ni admitirás atrevimiento en tu alma.

3:15 Tu alma no se unirá a los altivos, sino que caminarás con los justos y humildes.

3:16 Los accidentes que te ocurran los recibirás como buenos, sabiendo que nada se hace sin Dios.


4:1 Hijo mío, {te acordarás de noche y de día del que te habla la palabra de Dios} y le honrarás como al Señor;

4:2 porque dondequiera que habla el Señor, allí está el Señor.

4:3 Además, buscarás día a día las personas de los santos, para encontrar descanso en sus palabras.

4:4 No provocarás cismas, sino que apaciguarás a los que discuten;

4:5 juzgarás con justicia, no harás diferencia en una persona para reprenderla por sus transgresiones.

4:6 No dudarás si una cosa será o no será.

4:7 {No seas hallado extendiendo las manos para recibir, sino atrayéndolas para dar.}

4:8 Si tienes algo que pase por tus manos, darás un rescate por tus pecados.

4:9 No vacilarás en dar, ni murmurarás al dar;

4:10 porque sabrás quién es el buen pagador de tu recompensa.

4:11 No rechazarás al necesitado, sino que harás partícipe de todo a tu hermano y no dirás {que algo es tuyo}.

4:12 Porque si sois copartícipes de lo incorruptible, ¿cuánto más de lo corruptible? No negarás la mano a tu hijo ni a tu hija, sino que desde su juventud les enseñarás el temor de Dios.

4:13 No mandes en tu amargura a tu siervo ni a tu sierva, que confían en el mismo Dios que tú, no sea que dejen de temer al Dios que está sobre ambos;

4:14 porque Él no viene a llamar a los hombres con acepción de personas, sino que viene a aquellos a quienes el Espíritu ha preparado.

4:15 Pero vosotros, siervos, estad sujetos a vuestros amos, como a un tipo de Dios, con vergüenza y temor.

4:16 Aborrecerás toda hipocresía y todo lo que no sea agradable al Señor.

4:17 Nunca abandonarás los mandamientos del Señor;

4:18 sino que guardarás las cosas que has recibido, sin añadirles ni quitarles nada.

4:19 En la iglesia confesarás tus transgresiones y no te entregarás a la oración con mala conciencia.

4:20 Este es el camino de la vida.

5:1 Pero el camino de la muerte es este.

5:2 En primer lugar, es malo y lleno de maldición: asesinatos, adulterios, lujurias, fornicaciones, robos, idolatrías, artes mágicas, hechicerías, saqueos, falsos testimonios, hipocresías, doblez de corazón, traición, soberbia, malicia, terquedad, avaricia, maledicencia, envidia, audacia, exaltación, jactancia;

5:3 perseguidores de los buenos, aborrecedores de la verdad, amantes de la mentira, que no perciben la recompensa de la justicia, que no {se limpian para el bien} ni para el justo juicio, despiertos no para lo bueno sino para lo malo;

5:4 de quien la mansedumbre y la paciencia se mantienen al margen;

5:5 amando las cosas vanas, persiguiendo una recompensa, no teniendo piedad del pobre, no trabajando por el que está oprimido por el trabajo, no reconociendo a Aquel que los hizo, asesinos de niños, corruptores de las criaturas de Dios, alejándose del que está en necesidad, oprimiendo al que está afligido, defensores de los ricos, jueces injustos de los pobres, totalmente pecadores.

5:6 Que seáis librados, hijos míos, de todas estas cosas.

6:1 Mirad que nadie os extravíe de este camino de justicia, pues os enseña fuera de Dios.

6:2 Si eres capaz de llevar todo el yugo del Señor, serás perfecto;

6:3 pero si no puedes, haz lo que puedas.

6:4 En cuanto a comer, soporta lo que puedas;

6:5 pero abstente por todos los medios de la carne sacrificada a los ídolos;

6:6 porque es la adoración de dioses muertos.


7:1 En cuanto al bautismo, así bautizaréis.

7:2 Habiendo recitado primero todas estas cosas, bautizad {en el nombre del Padre y del Hijo y del Espíritu Santo} en agua viva (corriente).

7:3 Pero si no tienes agua viva, bautiza con otra agua;

7:4 y si no puedes en frío, entonces en caliente.

7:5 Pero si no tienes ninguno, echa agua sobre la cabeza tres veces en el nombre del Padre y del Hijo y del Espíritu Santo.

7:6 Pero antes del bautismo, ayunen el que bautiza y el que es bautizado, y también los que puedan;

7:7 y ordenarás al que se bautice que ayune uno o dos días antes.


8:1 No ayunéis como los hipócritas, que ayunan el segundo y el quinto día de la semana;

8:2 pero guardad el ayuno el cuarto día y el día de la preparación (el sexto).

8:3 Tampoco oréis {como los hipócritas,} sino como el Señor lo ordenó en Su Evangelio, {así orad.

8:4 Padre nuestro que estás en los cielos, santificado sea Tu nombre;

8:5 Venga a nosotros tu reino;

8:6 Hágase tu voluntad: como en el cielo, así también en la tierra;

8:7 danos hoy nuestro pan de cada día;

8:8 y perdónanos nuestras deudas, como también nosotros perdonamos a nuestros deudores;

8:9 y no nos dejes caer en la tentación, mas líbranos del maligno;}

8:10 Tuyo es el poder y la gloria por los siglos de los siglos.

8:11 Rezad así tres veces al día.


9:1 En cuanto a la acción de gracias eucarística, dad gracias así.

9:2 En primer lugar, en lo que respecta a la copa:

9:3 Te damos gracias, Padre nuestro, por la santa vid de tu hijo David, que nos diste a conocer por medio de tu Hijo Jesús;

9:4 Tuya es la gloria por los siglos de los siglos.

9:5 En cuanto al pan partido:

9:6 Te damos gracias, Padre nuestro, por la vida y el conocimiento que nos diste a conocer por medio de tu Hijo Jesús;

9:7 Tuya es la gloria por los siglos de los siglos.

9:8 Así como este pan partido fue esparcido por los montes y reunido se hizo uno, así sea reunida Tu Iglesia de los confines de la tierra en Tu Reino;

9:9 porque Tuya es la gloria y el poder por Jesucristo por los siglos de los siglos.

9:10 Que nadie coma ni beba de esta acción de gracias eucarística, sino los que han sido bautizados en el nombre del Señor;

9:11 Porque también acerca de esto ha dicho el Señor:

9:12 {No deis a los perros lo que es sagrado.}


10:1 Cuando estéis satisfechos, dad gracias:

10:2 Te damos gracias, Padre santo, por tu santo nombre, que has hecho tabernáculo en nuestros corazones, y por el conocimiento, la fe y la inmortalidad, que nos has dado a conocer por medio de tu Hijo Jesús;

10:3 Tuya es la gloria por los siglos de los siglos.

10:4 Tú, Maestro Todopoderoso, creaste todas las cosas por amor a Tu nombre y diste de comer y beber a los hombres para que disfrutaran y Te dieran gracias;

10:5 sino que nos diste alimento y bebida espirituales y vida eterna por medio de Tu Hijo.

10:6 Ante todo te damos gracias porque eres poderoso;

10:7 Tuya es la gloria por los siglos de los siglos.

10:8 Acuérdate, Señor, de tu Iglesia para librarla de todo mal y perfeccionarla en tu amor;

10:9 y {reúnela de los cuatro vientos} -aun a la Iglesia que ha sido santificada- en Tu reino que has preparado para ella;

10:10 Tuyo es el poder y la gloria por los siglos de los siglos.

10:11 Que venga la gracia y pase este mundo.

10:12 Hosanna al Dios de David.

10:13 Si alguno es santo, que venga;

10:14 si alguno no lo es, que se arrepienta. Maran Atha. Amén.

10:15 Pero permite que los profetas ofrezcan acciones de gracias tanto como deseen.


11:1 A cualquiera, pues, que venga y os enseñe todo esto que se ha dicho antes, recibidle;

11:2 pero si el maestro mismo se pervierte y enseña una doctrina diferente para perdición, no le oigáis;

11:3 pero si para aumentar la justicia y el conocimiento del Señor, recíbelo como Señor.

11:4 En cuanto a los apóstoles y profetas, haced lo mismo según la ordenanza del Evangelio.

11:5 Que todo apóstol, cuando venga a vosotros, sea recibido como el Señor;

11:6 pero no permanecerá más de un día, o si es necesario, un 11:7 pero si permanece tres días, es un falso profeta.

11:8 Cuando se vaya, que el apóstol no reciba otra cosa que pan, hasta que encuentre refugio;

11:9 pero si pide dinero, es un falso profeta.

11:10 Y a cualquier profeta que hable en el Espíritu no lo pondréis a prueba ni lo discerniréis;

11:11 Todo pecado será perdonado, pero este no.

11:12 Pero no todo el que habla en el Espíritu es profeta, sino sólo el que conoce los caminos del Señor.

11:13 Por eso se reconocerá al falso profeta y al profeta.

11:14 Ningún profeta que ordene una mesa en el Espíritu comerá de ella;

11:15 de lo contrario es un falso profeta.

11:16 Todo profeta que enseña la verdad, si no hace lo que enseña, es falso profeta.

11:17 Todo profeta aprobado y hallado veraz, si obra como misterio exterior típico de la Iglesia y, sin embargo, os enseña a no hacer todo lo que él mismo hace, no será juzgado ante vosotros;

11:18 tiene su juicio en presencia de Dios;

11:19 porque así también lo hicieron los profetas de antaño.

11:20 Y a cualquiera que diga en el Espíritu: Dadme plata u otra cosa, no le escuchéis;

11:21 Pero si os dice que deis en favor de otros necesitados, que nadie le juzgue.


12:1 Pero que todo aquel {que venga en nombre del Señor} sea recibido;

12:2 y entonces, cuando lo hayáis probado, lo conoceréis, pues tendréis entendimiento a derecha e izquierda.

12:3 Si el que llega es un viajero, ayudadle en la medida de vuestras posibilidades;

12:4 pero no se quedará con vosotros más de dos o tres días, si es necesario.

12:5 Pero si quiere establecerse contigo, siendo artesano, que trabaje y coma su pan.

12:6 Pero si no tiene oficio, según vuestra sabiduría disponed cómo ha de vivir como cristiano entre vosotros, pero no en la ociosidad.

12:7 Si no lo hace, trafica con Cristo.

12:8 Cuidado con esos hombres.

13:1 Pero todo profeta verdadero que desee establecerse entre ustedes {es digno de su alimento.}

13:2 Así también el verdadero maestro {es} {digno,} como {el obrero, de su alimento.}

13:3 Tomarás, pues, todas las primicias del producto de la cuba del vino y de la era, de tus bueyes y de tus ovejas, y las darás como primicias a los profetas;

13:4 porque ellos son sus principales sacerdotes.

13:5 Pero si no tenéis profeta, dadlos a los pobres.

13:6 Si haces pan, toma las primicias y da según el mandamiento.

13:7 Del mismo modo, cuando abras una jarra de vino o de aceite, toma las primicias y dáselas a los profetas;

13:8 Y del dinero, del vestido y de toda posesión, toma las primicias, según te parezca bien, y da conforme al mandamiento.

14:1 En el día del Señor, reúnanse, partan el pan y den gracias, confesando primero sus transgresiones, para que su sacrificio sea puro.

14:2 Y que nadie que tenga su disputa con su compañero se una a vuestra asamblea hasta que se hayan reconciliado, para que vuestro sacrificio no sea profanado;

14:3 porque este sacrificio es del que habló el Señor;

14:4 {En todo lugar y en todo tiempo ofréceme un sacrificio puro;

14:5 Porque yo soy un gran rey, dice el Señor, y mi nombre es admirable entre las naciones.}


15:1 Por tanto, nombraos obispos y diáconos dignos del Señor, hombres mansos y no amantes del dinero, veraces y aprobados;

15:2 porque para vosotros también realizan el servicio de los profetas y maestros.

15:3 Por tanto, no los desprecies;

15:4 porque ellos son tus hombres honorables junto con los profetas y los maestros.

15:5 Reprendeos los unos a los otros, no con ira, sino con paz, como se dice en el Evangelio;

15:6 y que nadie hable a nadie que haya obrado mal con su prójimo, ni le dejéis oír una palabra de vosotros, hasta que se arrepienta.

15:7 Pero vuestras oraciones, vuestras limosnas y todas vuestras obras, hacedlas tal como las encontráis en el Evangelio de nuestro Señor.

16:1 {Vigila} por tu vida;

16:2 {Que no se apaguen vuestras lámparas ni se desabrochen vuestros lomos, sino que estéis preparados;

16:3 porque no sabéis la hora en que vendrá nuestro Señor.}

16:4 Y os reuniréis con frecuencia, buscando lo que conviene a vuestras almas;

16:5 Porque de nada os servirá todo el tiempo de vuestra fe, si no sois perfeccionados en el último tiempo.

16:6 Porque en los últimos días {los falsos profetas} y los corruptores se multiplicarán, y las ovejas se convertirán en lobos, y el amor se convertirá en odio.

16:7 Porque a medida que aumente la iniquidad, {se odiarán unos a otros y se perseguirán y traicionarán.

16:8 Y entonces} el engañador del mundo {aparecerá} como hijo de Dios;

16:9 {y hará señales y prodigios,} y la tierra será entregada en sus manos;

16:10 y hará cosas impías, que nunca ha habido desde el principio del mundo.

16:11 Entonces toda la humanidad creada llegará al fuego de la prueba, y muchos se ofenderán y perecerán;

16:12 {pero los que perseveren} en su fe {serán salvados} por la Maldición misma.

16:13 {Entonces {aparecerán las señales} de la verdad;}

16:14 primero una señal de una grieta en el cielo, luego una señal de una voz de trompeta, y en tercer lugar una resurrección de los muertos;

16:15 pero no de todos, sino como se dijo:

16:16 {El Señor vendrá y todos Sus santos con Él.

16:17 Entonces} el mundo {verá al Señor venir sobre las nubes del cielo.}

Traducción de
Roberts-Donaldson

# Capítulo 1

# Los dos caminos y el primer mandamiento

Hay dos caminos, uno de vida y otro de muerte, pero una gran diferencia entre los dos caminos. El camino de la vida, pues, es este: Primero, amarás a Dios, que te hizo; segundo, amarás a tu prójimo como a ti mismo, y no harás a otro lo que no quieras que te hagan a ti. Y de estos dichos la enseñanza es esta: Bendecid a los que os maldicen, orad por vuestros enemigos y ayunad por los que os persiguen. Porque ¿qué recompensa hay por amar a los que te aman? ¿No hacen lo mismo los gentiles? Pero amad a los que os odian, y no tendréis enemigo. Absteneos de los deseos carnales y mundanos. Si alguien te hiere en la mejilla derecha, vuélvele también la otra, y serás perfecto. Si alguien te impresiona durante una milla, recorre con él dos. Si alguien te quita tu capa, dale también tu abrigo. Si alguien te quita lo que es tuyo, no se lo pidas, pues en verdad no puedes. Dad a todo el que os pida, y no se lo pidáis de vuelta; porque el Padre quiere que a todos se les dé de nuestras propias bendiciones (dones gratuitos). Dichoso el que da según el mandamiento, porque es inocente. Ay del que recibe; porque el que recibe teniendo necesidad, es inocente; pero el que recibe no teniendo necesidad, pagará la pena, por qué recibió y para qué. Y entrando en prisión, será examinado acerca de las cosas que ha hecho, y no escapará de allí hasta que devuelva la última moneda. Y también sobre esto se ha dicho: Deja que tu limosna sude en tus manos, hasta que sepas a quién debes dar.

# Capítulo 2
## El segundo mandamiento: pecado grave prohibido

Y el segundo mandamiento de la Enseñanza: No cometerás homicidio, no cometerás adulterio, no cometerás pederastia, no cometerás fornicación, no robarás, no practicarás magia, no practicarás brujería, no asesinarás a un niño por aborto ni matarás al que nace. No codiciarás las cosas de tu prójimo, no jurarás, no levantarás falso testimonio, no hablarás mal, no guardarás rencor. No serás de doble ánimo ni de doble lengua, porque la doble lengua es trampa de muerte. Tu palabra no será falsa ni vacía, sino que se cumplirá con hechos. No serás avaro, ni rapaz, ni hipócrita, ni mal dispuesto, ni altivo. No aconsejarás mal a tu prójimo. No odiarás a nadie; a unos reprenderás, a otros rogarás y a otros amarás más que a tu propia vida.

# Capítulo 3

## Otros pecados prohibidos

Hijo mío, huye de toda cosa mala y de toda semejanza de ella. No seas propenso a la ira, porque la ira conduce al asesinato. No seas celoso, ni pendenciero, ni de mal genio, porque de todo esto se engendran los homicidios. Hijo mío, no seas lujurioso, porque la lujuria lleva a la fornicación. No seas hablador obsceno, ni de ojos altaneros, porque de todo esto se engendran los adulterios. Hijo mío, no seas observadora de presagios, pues ello conduce a la idolatría. No seas encantador, ni astrólogo, ni purificador, ni estés dispuesto a tomar en estas cosas, porque de todo esto se engendra la idolatría. Hijo mío, no seas mentiroso, pues la mentira conduce al robo. No seas amante del dinero, ni vanidoso, porque de todo esto se engendran robos. Hijo mío, no seas murmuradora, pues la murmuración conduce a la blasfemia. No seas obstinado ni malvado, porque de todo esto se engendran las blasfemias.

Más bien, sed mansos, pues los mansos heredarán la tierra. Sé paciente, compasivo, inocente, amable y bueno, y tiembla siempre ante las palabras que has oído. No te enaltecerás, ni darás excesiva confianza a tu alma. Tu alma no se unirá con los altivos, sino con los justos y humildes tendrá su trato. Acepta como bueno todo lo que te suceda, sabiendo que sin Dios nada sucede.

# Capítulo 4
## Diversos preceptos

Hijo mío, acuérdate noche y día del que te habla la palabra de Dios, y hónralo como al Señor. Porque dondequiera que se pronuncia la palabra del Señor, allí está el Señor. Y busca día tras día los rostros de los santos, para que descanses en sus palabras. No anheléis la división, sino más bien llevad a la paz a los que contienden. Juzgad con justicia, y no hagáis acepción de personas al reprender las transgresiones. No estés indeciso si ha de ser o no. No seas camillero de las manos para recibir y cajón de ellas para dar. Si tienes algo, por tus manos darás rescate por tus pecados. No vaciles en dar, ni te quejes cuando des; porque sabrás quién es el buen pagador del salario. No te apartes del que tiene necesidad; antes bien, comparte todas las cosas con tu hermano, y no digas que son tuyas. Porque si sois partícipes de lo inmortal, ¿cuánto más de lo mortal? No apartes la mano de tu hijo o de tu hija; antes bien, enséñales el temor de Dios desde su juventud. No impongas nada en tu amargura a tu siervo o a tu sierva, que esperan en el mismo Dios, no sea que alguna vez no teman a Dios, que está sobre ambos; porque no viene a llamar según la apariencia exterior, sino a los que el Espíritu ha preparado. Y vosotros, siervos, estaréis sujetos a vuestros amos como a un tipo de Dios, con modestia y temor. Aborreceréis toda hipocresía y todo lo que no sea agradable al Señor. No abandonéis en modo alguno los mandamientos del Señor, sino guardad lo que habéis recibido, sin añadirle ni quitarle nada. En la iglesia reconocerás tus transgresiones, y no te acercarás para tu oración con mala conciencia. Este es el camino de la vida.

# Capítulo 5
## El camino de la muerte

Y el camino de la muerte es este: En primer lugar es malo y maldito: asesinatos, adulterio, lujuria, fornicación, robos, idolatrías, artes mágicas, hechicerías, violaciones, falsos testimonios, hipocresía, doblez de corazón, engaño, altivez, depravación, voluntad propia, avaricia, conversaciones sucias, celos, exceso de confianza, altivez, jactancia; perseguidores de lo bueno, aborrecedores de la verdad, amantes de la mentira, desconocedores de la recompensa de la justicia, no apegados al bien ni al justo juicio, no velando por lo bueno, sino por lo malo; de los cuales están lejos la mansedumbre y la paciencia, amando las vanidades, persiguiendo la venganza, no teniendo piedad del pobre, no trabajando por los afligidos, no conociendo a Aquel que los hizo, asesinos de niños, destructores de la obra de Dios, apartándose del que padece necesidad, afligiendo al afligido, defensores de los ricos, jueces sin ley de los pobres, pecadores totales. Libraos, hijos, de todo esto.

# Capítulo 6

## Contra los falsos maestros y los alimentos ofrecidos a los ídolos

Mirad que nadie os haga errar de este camino de la Enseñanza, pues fuera de Dios os enseña. Porque si sois capaces de llevar todo el yugo del Señor, seréis perfectos; pero si no podéis hacerlo, haced lo que podáis. Y en cuanto a la comida, llevad lo que podáis; pero contra lo que se sacrifica a los ídolos tened sumo cuidado; porque es el servicio de dioses muertos.

# Capítulo 7

## Sobre el bautismo

Y en cuanto al bautismo, bautizad así: Habiendo dicho primero todas estas cosas, bautizad en el nombre del Padre, y del Hijo, y del Espíritu Santo, en agua viva. Pero si no tenéis agua viva, bautizad en otra agua; y si no podéis hacerlo en agua fría, hacedlo en agua tibia. Pero si no tenéis ninguna de las dos, derramad agua tres veces sobre la cabeza en el nombre del Padre, del Hijo y del Espíritu Santo. Pero antes del bautismo ayunen el bautizador, y el bautizado, y quien pueda; pero a los bautizados les ordenaréis que ayunen uno o dos días antes.

# Capítulo 8
## Ayuno y oración (el Padre Nuestro)

Pero que vuestros ayunos no sean como los de los hipócritas, pues ellos ayunan el segundo y el quinto día de la
semana. Ayunad más bien el cuarto día y el de la Preparación (viernes). No oréis como los hipócritas, sino más bien
como lo mandó el Señor en su Evangelio, así:

Padre nuestro que estás en los cielos, santificado sea tu
nombre. Venga a nosotros tu Reino. Hágase tu voluntad en
la tierra como en el cielo. Danos hoy nuestro pan de cada
día, y perdónanos nuestras deudas como también nosotros
perdonamos a nuestros deudores. Y no nos metas en tentación, mas líbranos del maligno (o, del mal); porque Tuyo
es el poder y la gloria por los siglos....

Reza esto tres veces al día.

# Capítulo 9
## La Eucaristía

En cuanto a la Eucaristía, dad gracias así. En primer lugar,
por el cáliz:

Te damos gracias, Padre nuestro, por la santa vid de David, tu siervo, que nos diste a conocer por medio de Jesús,
tu siervo; a ti sea la gloria por los siglos..

Y con respecto al pan partido:

Te damos gracias, Padre nuestro, por la vida y la ciencia que nos has dado a conocer por medio de Jesús, tu siervo; a Ti sea la gloria por los siglos. Como este pan partido fue esparcido por los montes, y fue reunido y se hizo uno, así sea reunida tu Iglesia de los confines de la tierra en tu reino; porque tuya es la gloria y el poder por Jesucristo para siempre...

Pero que nadie coma ni beba de vuestra Eucaristía, a menos que haya sido bautizado en el nombre del Señor; porque también acerca de esto ha dicho el Señor: «No deis a los perros lo que es santo».

# Capítulo 10
## La oración después de la Comunión

Pero después de saciarte, da gracias de esta manera:

Te damos gracias, Padre santo, por tu santo nombre, que has hecho habitar en nuestros corazones, y por el conocimiento, la fe y la inmortalidad, que nos has dado a conocer por medio de Jesús, tu siervo; a ti sea la gloria por los siglos de los siglos. Tú, Señor todopoderoso, creaste todas las cosas por amor de tu nombre; diste de comer y beber a los hombres para que se divirtieran, a fin de que Te dieran gracias; pero a nosotros nos diste gratuitamente alimento y bebida espirituales y vida eterna por medio de tu Siervo. Ante todas las cosas te damos gracias porque eres poderoso; a Ti sea la gloria por los siglos. Acuérdate, Señor, de tu Iglesia, para librarla de todo mal y hacerla perfecta en tu amor, y recógela de los cuatro vientos, santificada para tu reino que le has preparado; porque tuyo es el poder y la gloria por los siglos. Venga la gracia y pase este mundo. ¡Hosanna al Dios (Hijo) de David! Si alguno es santo, que venga; si alguno no lo es, que se arrepienta. Maranatha. Amén.

Pero permite que los profetas hagan Acción de Gracias tanto como deseen.

# Capítulo 11
## De los maestros, apóstoles y profetas

Cualquiera, pues, que venga y os enseñe todas estas cosas que se han dicho antes, recibidle. Pero si el mismo maestro se vuelve y enseña otra doctrina para destruir esta, no le oigáis. Pero si enseña para aumentar la justicia y el conocimiento del Señor, recibidle como al Señor. En cuanto a los apóstoles y profetas, actuad según el decreto del Evangelio. Recibid como al Señor a todo apóstol que venga a vosotros. Pero que no permanezca más de un día; o dos, si hay necesidad. Pero si permanece tres días, es falso profeta. Y cuando el apóstol se vaya, que no tome más que pan hasta que se hospede. Si pide dinero, es falso profeta. Y a todo profeta que hable en el Espíritu no lo juzgaréis ni juzgaréis; porque todo pecado será perdonado, pero este no. Pero no todo el que habla en el Espíritu es profeta, sino sólo el que sigue los caminos del Señor. Por tanto, por sus caminos se conocerá al falso profeta y al profeta. Y todo profeta que ordena una comida en el Espíritu no la come, a no ser que en verdad sea un falso profeta. Y todo profeta que enseña la verdad, pero no hace lo que enseña, es falso profeta. Y todo profeta que demuestre ser verdadero, obrando para el misterio de la Iglesia en el mundo, pero sin enseñar a otros a hacer lo que él mismo hace, no será juzgado entre vosotros, porque con Dios tiene su juicio; pues así lo hicieron también los antiguos profetas. Pero al que diga en el Espíritu: Dadme dinero u otra cosa, no le haréis caso. Pero si os dice que deis por los necesitados, que nadie le juzgue.

# Capítulo 12
## Acogida de los cristianos

Pero recibid a todo el que venga en nombre del Señor, y probadlo y conocedlo después; porque tendréis entendimiento a derecha e izquierda. Si el que viene es un caminante, ayudadle en cuanto podáis; pero no se quedará con vosotros más de dos o tres días, si es necesario. Pero si quiere quedarse con vosotros y es artesano, dejadle trabajar y comer. Pero si no tiene oficio, según tu entendimiento, procura que, como cristiano, no viva contigo ocioso. Pero si no quiere hacerlo, es un mendigo de Cristo. Cuídate de mantenerte alejado de los tales.

# Capítulo 13
## Apoyo a los profetas

Pero todo verdadero profeta que quiera vivir entre vosotros es digno de su apoyo. Así también el verdadero maestro es digno, como el obrero, de su sustento. Todo primer fruto, pues, de los productos del lagar y de la era, de los bueyes y de las ovejas, lo tomaréis y se lo daréis a los profetas, porque ellos son vuestros sumos sacerdotes. Pero si no tienes profeta, dáselo a los pobres. Si haces una hornada de masa, toma el primer fruto y dalo según el mandamiento. Así también, cuando abráis una vasija de vino o de aceite, tomad el primer fruto y dadlo a los profetas; y del dinero (plata) y del vestido y de toda posesión, tomad el primer fruto, según os parezca bien, y dad conforme al mandamiento.

# Capítulo 14
## Asamblea cristiana en el día del Señor

Pero reuníos todos los días del Señor, partíos el pan y dad gracias después de haber confesado vuestras transgresiones, para que vuestro sacrificio sea puro. Pero que nadie que esté enemistado con su compañero se reúna con vosotros, hasta que se reconcilien, para que vuestro sacrificio no sea profanado. Porque esto es lo que fue dicho por el Señor:

«En todo lugar y tiempo ofrecedme un sacrificio puro; porque yo soy un gran Rey, dice el Señor, y mi nombre es admirable entre las naciones».

# Capítulo 15

## Obispos y diáconos: la reprobación cristiana

Nombrad, pues, para vosotros obispos y diáconos dignos del Señor, hombres mansos, no amantes del dinero, veraces y probos; porque ellos también os prestan el servicio de profetas y maestros. Por tanto, no los despreciéis, pues son vuestros honrados, junto con los profetas y maestros. Y reprendeos los unos a los otros, no con ira, sino con paz, como está escrito en el Evangelio. Pero a cualquiera que actúe mal contra otro, no le habléis ni oigáis nada de él hasta que se arrepienta. Pero vuestras oraciones y limosnas y todas vuestras obras hacedlas así, como lo tenéis en el Evangelio de nuestro Señor.

# Capítulo 16

## Vigilancia; la venida del Señor

Velad por vuestra vida. No se apaguen vuestras lámparas, ni se desaten vuestros lomos; antes bien, estad preparados, porque no sabéis la hora en que vendrá nuestro Señor. Pero reuníos a menudo, buscando lo que conviene a vuestras almas; porque de nada os aprovechará todo el tiempo de vuestra fe, si no sois perfeccionados en el último tiempo. Porque en los últimos días se multiplicarán los falsos profetas y los corruptores, y las ovejas se convertirán en lobos, y el amor se convertirá en odio; porque cuando aumente la iniquidad, se odiarán, se perseguirán y se entregarán unos a otros, y entonces aparecerá el engañador del mundo como Hijo de Dios, y hará señales y prodigios, y la tierra será entregada en sus manos, y hará cosas inicuas que nunca han sucedido desde el principio. Entonces la creación de los hombres entrará en el fuego de la prueba, y muchos tropezarán y perecerán; pero los que perseveren en su fe se salvarán de debajo de la maldición misma. Y entonces aparecerán los signos de la verdad: primero, el signo de una expansión en el cielo; después, el signo del sonido de la trompeta. Y tercero, la resurrección de los muertos, aunque no de todos, sino como está dicho: «Vendrá el Señor y todos sus santos con Él». Entonces el mundo verá al Señor venir sobre las nubes del cielo.

Traducción de
Lake Kirsopp

# CAPÍTULO 0

1 La enseñanza del Señor a los paganos por los Doce Apóstoles.

# CAPÍTULO 1

## Los dos caminos - El camino de la vida - La explicación La limosna

1 Hay dos Caminos, uno de Vida y otro de Muerte, y hay una gran diferencia entre los dos Caminos.

2 El Camino de la Vida es este: «Primero, amarás al Dios que te hizo; segundo, a tu prójimo como a ti mismo; y todo lo que no quieras que te hagan a ti, no se lo hagas a otro».

3 Ahora bien, la enseñanza de estas palabras es esta: «Bendecid a los que os maldicen, orad por vuestros enemigos y ayunad por los que os persiguen. Porque ¿qué mérito tenéis si amáis a los que os aman? ¿Acaso no hacen lo mismo hasta los paganos?». Por vuestra parte, «amad a los que os odian», y no tendréis enemigos.

4 «Abstente de las «concupiscencias» carnales y corporales. «Si alguno te hiriere en la mejilla derecha, vuélvele también la otra», y serás perfecto. «Si alguien te impresiona para que vayas con él una milla, ve con él dos. Si alguno toma tu túnica, dale también tu camisa. Si alguien quiere quitarte lo que es tuyo, no se lo niegues», aunque puedas.

5 Da a todo el que te pida y no se lo niegues, porque la voluntad del Padre es que demos a todos de los dones recibidos. Bienaventurado el que da según el mandato, porque es inocente. Ay del que recibe; porque si alguno recibe limosna bajo la presión de la necesidad es inocente; pero el que la recibe sin necesidad será juzgado por qué tomó y para qué, y estando en la cárcel será examinado en cuanto a sus obras, y «no saldrá de allí hasta que pague la última moneda».

6 Sobre esto también se dijo: «Que tu limosna sude en tus manos hasta que sepas a quién das».

# CAPÍTULO 2
## La segunda parte de la enseñanza

1 Pero el segundo mandamiento de la enseñanza es este:

2 «No cometerás homicidio; no cometerás adulterio»; no cometerás sodomía; no cometerás fornicación; no robarás; no usarás la magia; no usarás conjuros; no procurarás el aborto, ni cometerás infanticidio; «no codiciarás los bienes de tu prójimo»;

3 no cometerás perjurio, «no levantarás falso testimonio»; no hablarás mal; no harás malicia.

4 No serás de doble ánimo ni de doble lengua, porque la doble lengua es trampa de muerte.

5 Tu palabra no será falsa ni vana, sino cumplida en la acción.

6 No serás avaro ni extorsionador, ni hipócrita, ni maligno, ni orgulloso; no harás planes malvados contra tu prójimo.

7 No odiarás a nadie; a unos reprenderás, por otros orarás y a otros amarás más que a tu propia vida.

# CAPÍTULO 3
## Otros consejos al catecúmeno

1 Hijo mío, huye de todo hombre malo y de todos los que son como él.

2 No seas soberbio, porque la soberbia lleva al homicidio; ni envidioso, ni pendenciero, ni apasionado, porque de todos éstos se engendran homicidios.

3 Hijo mío, no seas lujurioso, porque la lujuria lleva a la fornicación, ni hablador de palabras viles, ni alzador de ojos, porque de todo esto se engendra el adulterio.

4 Hijo mío, no mires a los agoreros, porque esto lleva a la idolatría; ni seas encantador, ni astrólogo, ni mago, ni desees ver estas cosas, porque de todo ello se engendra la idolatría.

5 Hijo mío, no seas mentiroso, porque la mentira lleva al robo; ni amante del dinero, ni vanidoso, porque de todas estas cosas se engendra el robo.

6 Hijo mío, no seas refunfuñón, porque esto lleva a la blasfemia, ni terco, ni pensador del mal, porque de todo esto se engendran las blasfemias,

7 sino sé «manso, porque los mansos heredarán la tierra»;

8 sé paciente, misericordioso e inocente, y tranquilo, y bueno, y temeroso siempre de las palabras que has oído.

9 No te enaltecerás, ni tu alma será presuntuosa. Tu alma no se juntará con los altivos, sino que andarás con los hombres justos y humildes.

10 Recibe como buenos los accidentes que te sucedan, sabiendo que nada sucede sin Dios.

# CAPÍTULO 4

## El deber del catecúmeno para con la Iglesia - Contra la mezquindad - Deberes domésticos - Contra la hipocresía

1 Hijo mío, te acordarás día y noche del que te habla la palabra de Dios, y lo honrarás como al Señor, porque donde se habla de la naturaleza del Señor, allí está él presente.

2 Y buscarás cada día la presencia de los santos, para hallar descanso en sus palabras.

3 No desearás el cisma, sino que reconciliarás a los que contienden. Juzgarás con justicia; no favorecerás a la persona de nadie al reprender la transgresión.

4 No estarás en desacuerdo sobre si ha de ser o no.

5 No seas de los que extienden las manos para recibir, pero las cierran cuando se trata de dar.

6 De todo lo que ganes con tus manos darás rescate por tus pecados.

7 No vacilarás en dar, ni te quejarás cuando des, porque sabrás quién es el buen pagador de la recompensa.

8 No rechazarás al necesitado, sino que compartirás todo con tu hermano, y no dirás que es tuyo, porque si sois partícipes de lo incorruptible, ¿cuánto más de lo que perece?

9 No negarás la mano a tu hijo ni a tu hija, sino que les enseñarás el temor de Dios desde su juventud.

10 No mandarás en tu amargura a tu esclavo ni a tu sierva, que esperan en el mismo Dios, para que no dejen de temer al Dios que está sobre vosotros dos; porque él no viene a llamar a los hombres con acepción de personas, sino a los que el Espíritu ha preparado.

11 Pero vosotros que sois esclavos, estad sujetos a vuestro señor, como a representante de Dios, en reverencia y temor.

12 Aborrecerás toda hipocresía y todo lo que no agrada al Señor.

13 No abandonarás los mandamientos del Señor, sino que guardarás lo que recibiste, «sin añadirle nada ni quitarle nada».

14 En la congregación confesarás tus transgresiones y no te entregarás a la oración con mala conciencia. Este es el Camino de la Vida.

# CAPÍTULO 5

## El camino de la muerte

1 Pero el Camino de la Muerte es este: En primer lugar, es perverso y está lleno de maldiciones, asesinatos, adulterios, lujurias, fornicaciones, hurtos, idolatrías, hechicerías, encantamientos, robos, falsos testimonios, hipocresías, doblez de corazón, fraudes, soberbia, malicia, terquedad, avaricia, palabras soeces, celos, insolencia, altanería, jactancia.

2 Perseguidores de los buenos, aborrecedores de la verdad, amantes de la mentira, que no conocen el premio de la justicia, que no se apegan al bien ni al justo juicio, que pasan las noches en vela no por el bien sino por la maldad, de quienes está lejos la mansedumbre y la paciencia, amantes de la vanidad, que persiguen la recompensa, despiadados con los pobres, no trabajando para el que está oprimido por el trabajo, sin conocimiento de aquel que los hizo, asesinos de niños, corruptores de las criaturas de Dios, rechazando al necesitado, oprimiendo al angustiado, defensores de los ricos, jueces injustos de los pobres, del todo pecadores; libraos, hijos míos, de todo esto.

# CAPÍTULO 6

## Exhortación final: Alimentos y «cosas ofrecidas a los ídolos»

1 Mira «que nadie te haga errar» de este Camino de la enseñanza, porque te enseña sin Dios.

2 Porque si puedes llevar todo el yugo del Señor, serás perfecto; pero si no puedes, haz lo que puedas.

3 Y en cuanto a la comida, soporta lo que puedas, pero guárdate estrictamente de lo que se ofrece a los ídolos, pues es culto a dioses muertos.

# CAPÍTULO 7

## Bautismo

1 En cuanto al bautismo, bautiza así: Habiendo ensayado primero todas estas cosas, «bautiza, en el Nombre del Padre y del Hijo y del Espíritu Santo,» en agua corriente;

2 pero si no tienes agua corriente, bautiza en otra agua, y si no puedes en fría, entonces en tibia.

3 Pero si no tienes ni lo uno ni lo otro, vierte tres veces agua sobre la cabeza «en el Nombre del Padre, del Hijo y del Espíritu Santo».

4 Y antes del bautismo ayunen el bautizador y el que va a ser bautizado, y los demás que puedan. Y mandarás que ayune uno o dos días antes el que va a ser bautizado.

# CAPÍTULO 8
## Ayuno - Oraciones

1 Que vuestros ayunos no sean como los de los hipócritas, pues ellos ayunan los lunes y los jueves, mientras que vosotros ayunáis los miércoles y los viernes.

2 Y no oréis como los hipócritas, sino como mandó el Señor en su Evangelio, orad así: «Padre nuestro, que estás en los cielos, santificado sea tu Nombre, venga a nosotros tu Reino, hágase tu voluntad, como en el cielo, así también en la tierra; danos hoy nuestro pan de cada día, y perdónanos nuestras deudas como nosotros perdonamos a nuestros deudores, y no nos dejes caer en la tentación, mas líbranos del Maligno, porque tuyo es el poder y la gloria por los siglos».

3 Reza así tres veces al día.

# CAPÍTULO 9
## La Eucaristía - El Cáliz - El Pan

1 Y acerca de la Eucaristía, tenedla así:

2 Primero sobre el Cáliz: «Te damos gracias, Padre nuestro, por la Santa Vid de David, tu hijo, que nos diste a conocer por medio de Jesús, tu hijo; a ti sea la gloria por los siglos».

3 Y sobre el Pan partido: «Te damos gracias, Padre nuestro, por la vida y el conocimiento que nos diste a conocer por medio de Jesús, tu Hijo. A ti sea la gloria por los siglos.

4 Como este pan partido fue esparcido por los montes, pero fue reunido y se hizo uno, así sea reunida tu Iglesia de los confines de la tierra en tu Reino, porque tuya es la gloria y el poder por Jesucristo para siempre».

5 Pero que nadie coma ni beba de vuestra Eucaristía, sino los que han sido bautizados en el Nombre del Señor. Porque también sobre esto dijo el Señor: «No deis a los perros lo que es sagrado».

# CAPÍTULO 10
## La oración final de la Eucaristía

1 Pero después de saciaros con la comida, dad gracias así:
2 «Te damos gracias, Padre santo, por tu santo Nombre, que hiciste tabernáculo en nuestros corazones, y por el conocimiento, la fe y la inmortalidad, que nos diste a conocer por medio de Jesús, tu Hijo. A ti sea la gloria por los siglos de los siglos.

3 Tú, Señor Todopoderoso, creaste todas las cosas por amor de tu Nombre, y diste de comer y beber a los hombres

para que se divirtieran, a fin de que te dieran gracias, pero a nosotros nos has bendecido con alimento y bebida espirituales y luz eterna por medio de tu Hijo.

4 Sobre todo te damos gracias porque eres poderoso. A ti la gloria por los siglos de los siglos.

5 Acuérdate, Señor, de tu Iglesia, para librarla de todo mal y hacerla perfecta en tu amor, y reunirla en su santidad desde los cuatro vientos a tu reino que le has preparado. Tuyo es el poder y la gloria por los siglos de los siglos.

6 Venga la gracia y pase este mundo. Hosanna al Dios de David. Si alguno es santo, que venga; si alguno no lo es, que se arrepienta: Maran atha, Amén».

7 Pero deja que los profetas celebren la Eucaristía como quieran.

8 *—nada—*

# CAPÍTULO 11
## Maestros itinerantes - Apóstoles - Profetas

1 Cualquiera, pues, que venga y os enseñe todas estas cosas, recibidle.

2 Pero si el maestro mismo se pervierte y enseña otra doctrina para destruir estas cosas, no le escuchéis; pero si su enseñanza es para el aumento de la justicia y del conocimiento del Señor, recibidle como al Señor.

3 Y en cuanto a los Apóstoles y Profetas, actuad así según la ordenanza del Evangelio.

4 Todo Apóstol que venga a vosotros, sea recibido como Señor,

5 pero que no se quede más de un día, o si es necesario también un segundo; pero si se queda tres días, es falso profeta.

6 Y cuando un Apóstol salga, que no acepte más que pan hasta que llegue a su alojamiento nocturno; pero si pide dinero, es un falso profeta.

7 No pongáis a prueba ni examinéis a ningún profeta que hable en espíritu, «porque todo pecado será perdonado, pero este no».

8 Pero no todo el que habla en espíritu es profeta, si no tiene el comportamiento del Señor. Por su comportamiento, pues, se conocerá al falso profeta y al verdadero profeta.

9 Y ningún profeta que ordene una comida en un espíritu, comerá de ella; de otra manera es falso profeta.

10 Y todo profeta que enseña la verdad, si no hace lo que enseña, es falso profeta.

11 Pero ningún profeta que haya sido probado y sea auténtico, aunque promulgue un misterio mundano de la Iglesia, si no enseña a otros a hacer lo que él mismo hace, será juzgado por vosotros; porque él tiene su juicio con Dios, como también lo tuvieron los profetas de antaño. 12 Pero a cualquiera que diga en espíritu: «Dadme dinero u otra cosa», no le haréis caso; pero si os dice que deis en favor de otros necesitados, que nadie le juzgue.

# CAPÍTULO 12
## Cristianos viajeros

1 Recibid a todo el que «venga en el Nombre del Señor»; pero cuando lo hayáis puesto a prueba, lo conoceréis, pues tendréis entendimiento de lo verdadero y lo falso.

2 Si el que viene es un viajero, ayudadle cuanto podáis, pero que no permanezca con vosotros más de dos días, o, si es necesario, tres.

3 Y si quiere establecerse entre vosotros y tiene oficio, que trabaje para ganarse el pan.

4 Pero si no tiene oficio, proveedle conforme a vuestro entendimiento, para que nadie viva entre vosotros ocioso por ser cristiano.

5 Pero si no quiere hacerlo, está traficando con Cristo; guardaos de los tales.

# CAPÍTULO 13
## Profetas que desean permanecer - Su pago con primicias

1 Pero todo verdadero profeta que quiera establecerse entre vosotros es «digno de su alimento».

2 Asimismo el verdadero maestro es digno, como el obrero, de su alimento.

3 Por tanto, tomarás las primicias del producto del lagar, de la era, de los bueyes y de las ovejas, y las darás como primicias a los profetas, porque ellos son vuestros sumos sacerdotes.

4 Pero si no tienes profeta, da a los pobres.

5 Si haces pan, toma las primicias y dalo conforme al mandamiento.

6 Asimismo, cuando abras una vasija de vino o de aceite, da las primicias a los profetas.

7 También del dinero, de los vestidos y de todos tus bienes, toma las primicias, según te parezca mejor, y da conforme al mandamiento.

# CAPÍTULO 14
## El culto dominical

1 El Día del Señor reuníos, partid el pan y celebrad la Eucaristía, después de confesar vuestras transgresiones, para que vuestra ofrenda sea pura;

2 pero que nadie que tenga pleito con su compañero se una a vuestra reunión hasta que se reconcilien, para que vuestro sacrificio no sea profanado.

3 Porque esto es lo dicho por el Señor: «En todo lugar y tiempo ofrecedme un sacrificio puro, porque yo soy un gran rey y mi nombre es admirable entre las naciones».

# CAPÍTULO 15
## Obispos y diáconos - Reprimendas mutuas

1 Designad, pues, para vosotros obispos y diáconos dignos del Señor, hombres mansos, no amantes del dinero,

veraces y aprobados, porque ellos también ejercen ante vosotros el ministerio de los profetas y de los maestros.

2 Por tanto, no los despreciéis, pues son vuestros hombres de honor junto con los profetas y maestros.

3 Y no os reprendáis unos a otros con ira, sino con paz, como lo halláis en el Evangelio; y ninguno hable con el que haya hecho mal a su prójimo, ni oiga palabra de vosotros hasta que se arrepienta.

4 Pero vuestras oraciones y limosnas y todas vuestras obras haced como halláis en el Evangelio de nuestro Señor.

# CAPÍTULO 16
## Advertencia de que se acerca el fin

1 «Velad» por vuestra vida: «que vuestras lámparas» no se apaguen «y vuestros lomos» no estén desabrochados, sino «estad preparados», porque no sabéis «la hora en que ha de venir nuestro Señor».

2 Antes bien, congregaos con frecuencia en busca de lo que sea provechoso para vuestras almas, porque de nada os aprovechará todo el tiempo de vuestra fe, si no sois hallados perfectos en el último tiempo;

3 porque en los postreros días se multiplicarán los falsos profetas y los corruptores, y las ovejas se convertirán en lobos, y el amor se trocará en odio;

4 porque a medida que aumente la iniquidad, se odiarán unos a otros, se perseguirán y se traicionarán; y entonces

aparecerá el engañador del mundo como Hijo de Dios, y hará señales y prodigios, y la tierra será entregada en sus manos, y cometerá iniquidades que nunca ha habido desde el principio del mundo.

5 Entonces la creación de la humanidad vendrá a la prueba de fuego y «muchos se ofenderán» y se perderán, pero «los que perseveren» en su fe «se salvarán» por la maldición misma.

6 Y «entonces aparecerán las señales» de la verdad. Primero la señal extendida en el Cielo, luego la señal del sonido de la trompeta, y en tercer lugar la resurrección de los muertos:

7 pero no de todos los muertos, sino como se dijo: «Vendrá el Señor y todos sus santos con él».

8 Entonces el mundo «verá al Señor venir sobre las nubes del cielo».

*Esta obra clásica del cristianismo*
*se terminó de componer en las*
*colecciones de la editorial*
*D E L F O S*
*en el día 21 de*
*septiembre*
*de 2023.*

Made in the USA
Columbia, SC
11 February 2025